Las matemáticas cuentan

Formas y figuras

Acerca de esta serie

Los niños aprenderán a solucionar problemas de matemáticas, a comunicarse por medio de las matemáticas y a razonar matemáticamente mediante el uso de la serie "Las matemáticas cuentan", de acuerdo con los objetivos principales del Consejo Nacional de Profesores de Matemáticas.

Los libros *Patrones*, *Formas y figuras* y *Tamaños* pueden estudiarse primero en cualquier orden.

Después pueden utilizarse *Ordenar*, *Contar* y *Números*, seguidos de *Tiempo*, *Longitud*, *Peso* y *Capacidad*.

—Ramona G. Choos, profesora de Matemáticas,
asesora principal del decano de Educación Continua de la Universidad Estatal de Chicago;
patrocinadora del Club de Matemáticas para Maestros de Escuela Primaria de Chicago

Nota del autor

Las matemáticas forman parte del mundo de los niños. No se trata solo de interpretar números o dominar trucos de suma o multiplicación. Las matemáticas nos ayudan a entender ciertas ideas esenciales, y esas ideas han sido desarrolladas en esta serie con el fin de explicar cualidades particulares como el tamaño, el peso y la altura, así como las relaciones y las comparaciones entre los objetos. Sin embargo, con demasiada frecuencia se olvida o ignora el importante papel que la comprensión de las matemáticas desempeña en el desarrollo de los niños.

La mayoría de los adultos puede realizar operaciones matemáticas sencillas sin necesidad de contar con los dedos o utilizar una calculadora. Sin embargo, a los niños pequeños les resulta casi imposible realizar esas operaciones, que para ellos son abstractas. Los niños necesitan ver, hablar, tocar y experimentar.

Las fotografías y el texto de estos libros han sido seleccionados para fomentar el diálogo sobre temas esencialmente matemáticos. Al estudiarlos y comentarlos, los jóvenes lectores podrán explorar algunos de los conceptos principales en los que se basan las matemáticas. Es a partir de la comprensión de estos conceptos que se fomentará el progresivo dominio de las matemáticas por parte de los estudiantes.

—Henry Pluckrose

Las matemáticas cuentan

Henry Pluckrose

Consultora de Matemáticas: Ramona G. Choos, profesora de Matemáticas

Children's Press®

un sello editorial de Scholastic Inc.

Mira la forma de esta página.
Pasa los dedos por
los bordes de la página.
¿Qué forma o figura trazaste?

¿Fue un cuadrado
como este?

¿Fue un círculo
como este?

¿Fue un hexágono como este?

¿Fue un rectángulo como este?

¿Fue un triángulo como este?

Los cuadrados, círculos, hexágonos, rectángulos y triángulos son formas o figuras regulares. Son fáciles de reconocer. ¿Qué forma o figura ves aquí?

¿De qué manera son estos cuadrados similares entre sí? ¿En qué se diferencian?

¿De qué manera son estos triángulos semejantes entre sí? ¿En qué se diferencian?

Podemos encontrar formas y figuras regulares en casi cualquier lugar: cuadrados,

círculos,

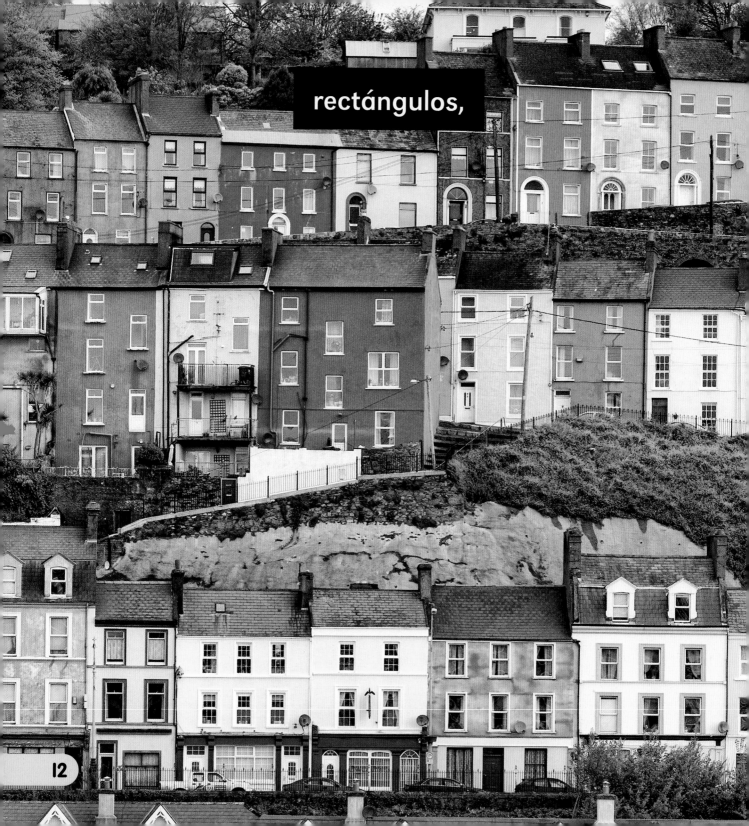

rectángulos,

y hasta hexágonos.

También podemos encontrar formas
y figuras regulares en la naturaleza.
Este es un panal hecho por abejas.
Cada celda del panal tiene seis lados.
Cada lado tiene la misma longitud.
Cada celda es un hexágono.

Mosaico es una palabra que describe formas que encajan sin dejar espacios entre sí. Los ladrillos forman mosaicos...

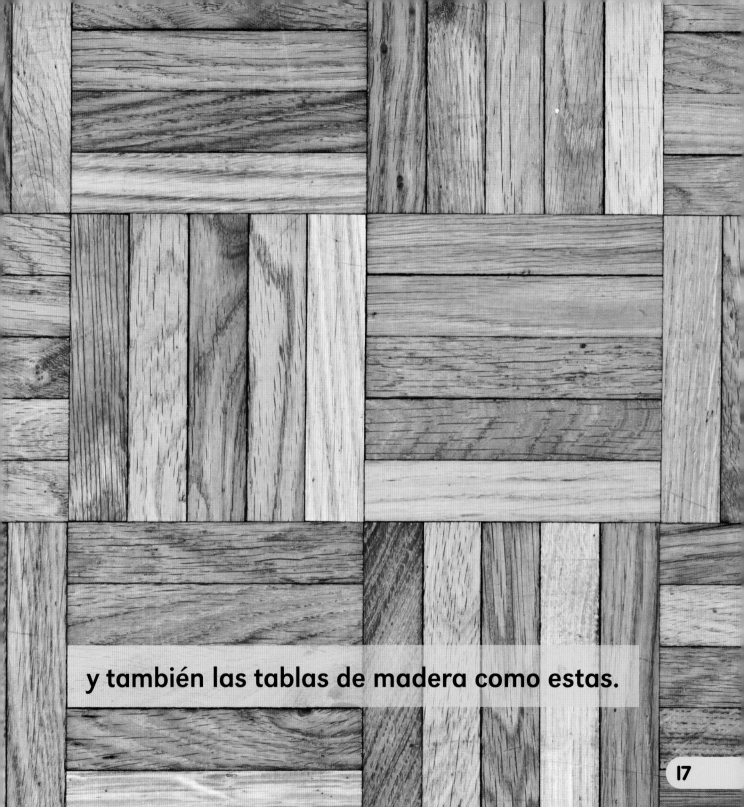

y también las tablas de madera como estas.

Puedes poner algunas formas o figuras tan juntas que se toquen. ¿Forman mosaicos estos círculos?

¿Encajarán estos triángulos
de modo que no queden espacios
entre ellos?

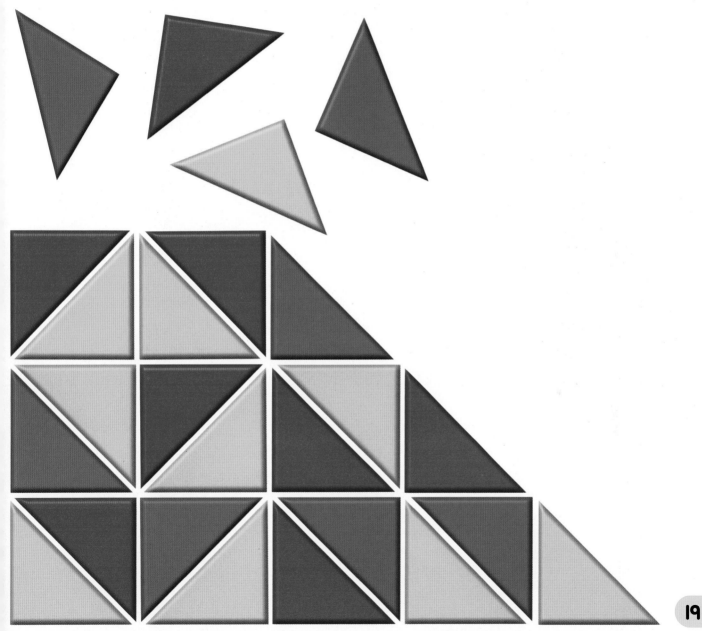

A veces las cosas parecen cambiar de forma cuando las miramos desde ángulos distintos. ¿Qué forma tienen estas latas?

Estas son las mismas latas.
Ahora parecen tener una forma diferente.

Esta lata de 330 ml contiene
594 kJ
139 kcal
72°
700 ml:
780 kJ/42 kcal

SÓLO AROMAS NATURALES.
SIN CONSERVANTES AÑADIDOS.
DESDE 1886.

¿Qué formas reconoces aquí?

¿Qué formas ves ahora?

Las formas y figuras se utilizan en todas partes. Algunas sirven para trasmitir mensajes a los conductores. ¿Qué significan estas señales?

CEDA EL PASO

¿Qué formas o figuras puedes encontrar en cada señal? ¿Por qué algunas señales de tráfico están dentro de un círculo? ¿Por qué otras están dentro de un triángulo?

R R

ZONA DE NO PASAR

La forma de muchas cosas está relacionada con su función. ¿Por qué la esfera del reloj es redonda?

¿Por qué las ruedas no son cuadradas?

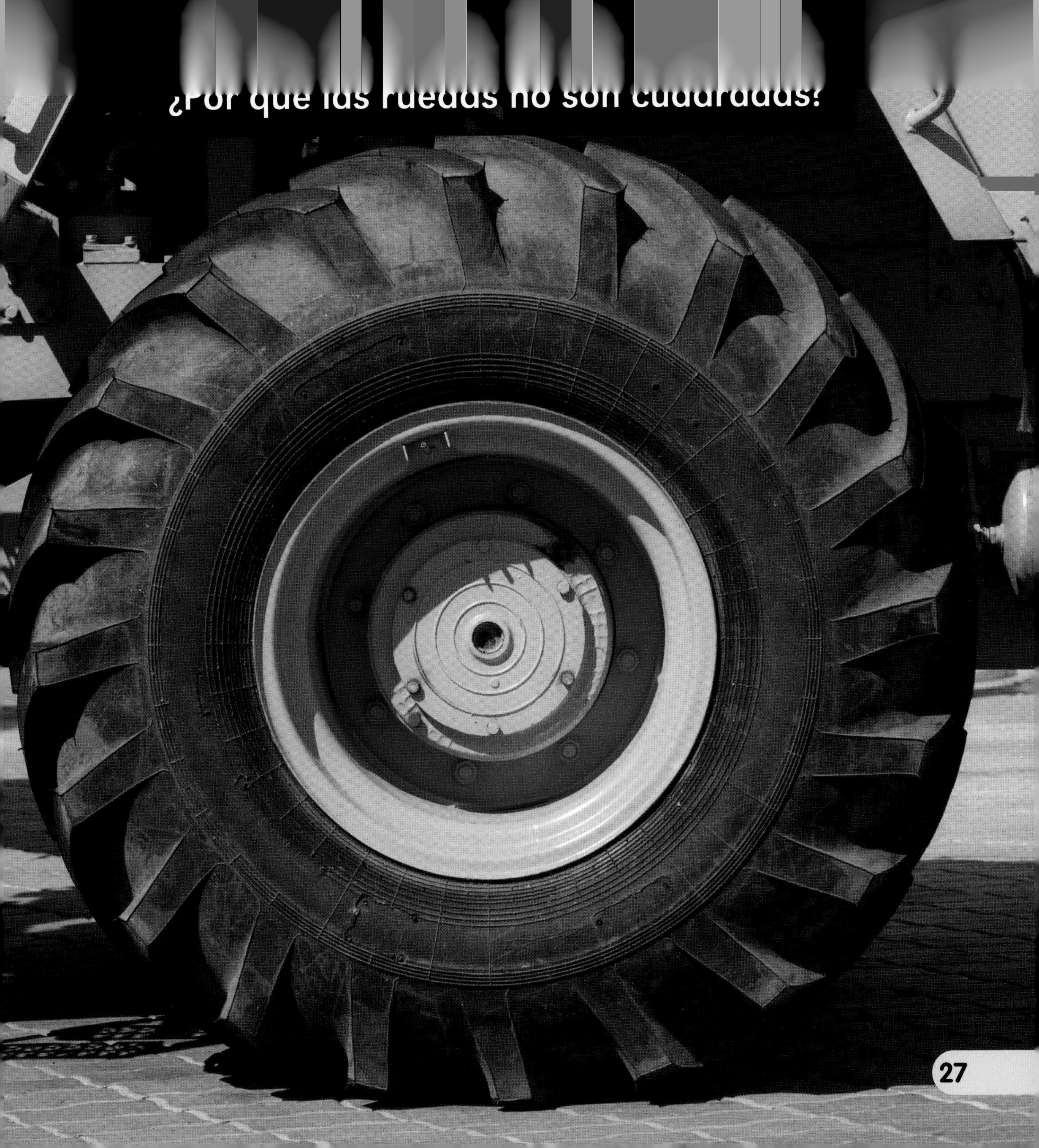

Busca formas dentro de otras formas.
¿Cuántas formas o figuras regulares puedes
encontrar en esta bicicleta?

¿Y en esta locomotora?

No todo tiene forma regular. Las nubes cambian constantemente de forma, y lo mismo hacen los árboles cuando los mece el viento.

Tu cuerpo también tiene forma, pero no vas a encontrar cuadrados ni círculos perfectos en él. ¿En qué se diferencia tu cara de la cara de este payaso?

Índice

Library of Congress Cataloging-in-Publication Data available.

Originally published as *Math Counts™: Shape*

Copyright © The Watts Publishing Group, 2018
Spanish Translation copyright © 2025 by Scholastic Inc.

ISBN 978-1-5461-0228-1 (library binding) / ISBN 978-1-5461-0229-8 (paperback)

10 9 8 7 6 5 4 3 2 1   25 26 27 28 29

Printed in China   62
First Spanish printing, 2025

Credits: Photos ©: 7: Masaki Kai/EyeEm/Mauritius Images; 10: Dorling Kindersley ltd/Alamy Images; 12: Dougall_Photography/Getty Images; 14: Melvica Amor Omictin/EyeEm; 17: assalve/Getty Images; 20: Bernard Van Berg/EyeEm; 21: MarioGuti/Getty Images; 22: Sumikophoto/Dreamstime; 23: Karol Franks/Getty Images; 25 top sign: Alex/stock.adobe.com; 25 bottom left: njnightsky/Getty Images; 25 bottom right: jojoo64/Getty Images; 26: knoppper/Getty Images; 28: Andrew Bonnenfant/EyeEm/Mauritius Images; 29: Marco_Bonfanti/Getty Images; 30: Alexander Rieber/EyeEm; 31: Andreas Gradin/Alamy Images. All other photos © Shutterstock.